CYNARA MONTEIRO MARIANO

O PAI DE CARLINHOS

Uma história sobre economia do cuidado e paternidade ativa

ILUSTRAÇÕES:
SANTUZZA ANDRADE

Literare Kids
INTERNATIONAL
Brasil - Europa - USA - Japão

Copyright© 2022 by Literare Books International
Todos os direitos desta edição são reservados à Literare Books International.

Presidente: Mauricio Sita

Vice-presidente: Alessandra Ksenhuck

Diretora executiva: Julyana Rosa

Diretora de projetos: Gleide Santos

Relacionamento com o cliente: Claudia Pires

Edição: Leo A. de Andrade

Diagramação e projeto gráfico: Gabriel Uchima

Capa e ilustrações: Santuzza Andrade

Revisão: Jacqueline Sousa Miranda

Impressão: Impressul

Dados Internacionais de Catalogação na Publicação (CIP)
(eDOC BRASIL, Belo Horizonte/MG)

Mariano, Cynara Monteiro.
O pai de Carlinhos / Cynara Monteiro Mariano; ilustrações Santuzza Andrade. – São Paulo, SP: Literare Books International, 2022.
20 x 25 cm

ISBN 978-65-5922-271-1

1. Ficção brasileira. 2. Literatura infantojuvenil. I. Andrade, Santuzza. II. Título. CDD 028.5

Elaborado por Maurício Amormino Júnior – CRB6/2422

Literare Books International.
Rua Antônio Augusto Covello, 472 – Vila Mariana – São Paulo, SP.
CEP 01550-060
Fone/fax: (0**11) 2659-0968
site: www.literarebooks.com.br
e-mail: literare@literarebooks.com.br

CYNARA MONTEIRO MARIANO

O PAI DE CARLINHOS

Dedico este meu primeiro livro infantil aos
meus pequenos Hector e Iorrana, com quem tanto aprendo,
me reinvento e me inspiro a colaborar com uma
sociedade mais igualitária e mais feliz.

O PAI DE CARLINHOS

Carlinhos tem nove anos de idade e diz ser uma criança quase completa, quase feliz. Os seus amigos da escola frequentemente perguntam:

— Carlinhos, por que o quase? O que falta?

Ao que Carlinhos também frequentemente responde:

— Falta conhecer meu pai.

— Como assim, conhecer o seu pai? Você não o conhece?

— A gente quase não convive. Ele vive trabalhando. Sai cedo para trabalhar quando ainda estou acordando e só volta do trabalho quando já estou quase dormindo.

— Peraí, você nunca o vê?

— Só duas vezes na semana quando ele vem almoçar em casa, sempre apressado, e em alguns momentos dos finais de semana, eu acho.

— Como assim, você acha?

— É que a gente não se fala muito. Ele está sempre apressado e atrasado.

— Ele nunca brinca nem sai com você?

— Às vezes tenta, mas logo se aborrece.

— Então, você o conhece um pouco.

— Conheço não. Não sei por que trabalha tanto, não sei do que ele gosta, para que time torce, qual o seu programa de TV preferido, qual a comida preferida. Conheço nada dele, então não o conheço.

— Que triste, Carlinhos.

O PAI DE CARLINHOS

O pai de Carlinhos se chama Marcos. É um advogado de 45 anos, diretor de uma empresa. Sempre trabalhou desde cedo, quando ainda era estudante de Direito. Daí em diante, nunca parou.

— Pai, você pode me ajudar a baixar um jogo no computador?

— Tenho tempo para isso não, Carlinhos.

— Quando você tem tempo?

— Que pergunta é essa, menino? Você sabe que nunca tenho tempo. Veja isso com a sua mãe.

O PAI DE CARLINHOS

A mãe de Carlinhos se chama Verônica. Tem 34 anos e é também advogada. Cuida ainda da casa e de seu pai idoso, o avô de Carlinhos, acometido por um diabetes e por uma melancolia. Mesmo exausta, Carlinhos conta aos amigos que sua mãe está sempre lá.

— Mãe, me ajuda a baixar um jogo no computador? Eu preciso tanto. Papai não quis conversa, pra variar.

— Só um minuto, Carlinhos. Já desligo aqui o telefone com o seu avô, termino de preparar o almoço e vejo com você como se faz isso.

— Tudo bem, mãe, vai demorar então uns cinco minutos?

— Claro que não, Carlinhos, onde já se viu preparar um almoço em cinco minutos?

— Dez minutos então, mãe?

— Não, mais.

— Quinze?

— Não, mais.

— Vinte? Meia hora? Quanto tempo, mãe?

— Carlos, pare já com isso. Estou no telefone com o seu avô.

O PAI DE CARLINHOS

Certo dia, o pai de Carlinhos apareceu em casa no meio da tarde. Triste e cabisbaixo. Verônica correu ao seu encontro imediatamente, afinal, ele nunca estava em casa antes de anoitecer.

— O que houve, Marcos? Perguntou Verônica.

— Fui demitido.

— Por quê?

— Sei lá, não me disseram direito.

— Você trabalha lá há tanto tempo, é tão dedicado, o que aconteceu?

— Falaram que foi recomendação da auditoria externa, algo do tipo.

— Meu Deus! Que tristeza, que injustiça, Marcos, lamento muito.

— É, respondeu Marcos, lacônico. E depois foi deitar-se como quem morre.

Carlinhos ficou confuso. Sentiu uma angústia pelo ocorrido com o pai, mas um sentimento estranho de felicidade também o invadia. Tinha esperanças de ter agora o pai mais tempo em casa. Ele finalmente o conheceria.

— Mãe, e agora, o que vai acontecer?

— Não se preocupe, meu filho, vamos dar um jeito, como sempre. Vamos logo baixar aquele seu jogo.

O PAI DE CARLINHOS

O pai de Carlinhos passou semanas sem se levantar da cama, sem deixar o quarto. Na escola, os amigos lhe perguntavam:

— Carlinhos, e agora, como é seu pai?

— Não sei ainda. Ele está igual ao vovô, com a mesma melancolia. Não sai do quarto. Mamãe não me deixa entrar lá. Parece que ele chora às vezes.

— Vai lá, Carlinhos, entra lá quando ele estiver dormindo.

— E se ele não gostar? Brigar comigo?

— Bom, pelo menos, tempo é algo que agora ele tem. Isso ele não vai poder negar.

— Hum, é verdade...

...

Ao chegar em casa, Carlinhos disse à mãe que ia descer para brincar com os amigos do prédio. Esperou a mãe sair para o supermercado e subiu logo em seguida. Entrou no quarto e se deitou ao lado do pai.

— Oi, pai, posso ficar aqui com você?

— Claro, filho.

— O que você está fazendo?

— Nada, apenas pensando.

— Bora brincar de adivinhação? Vou tentar adivinhar o que você está pensando e você tenta adivinhar o que eu estou pensando.

— Carlinhos, você sabe que eu não sei brincar dessas coisas.

— Então, você sabe brincar de quê, pai? Perguntou Carlinhos, já aborrecido.

— Quer saber? De nada, menino.

O PAI DE CARLINHOS

Chateado e entediado, Carlinhos ligou a TV, na sua série preferida. O pai, percebendo a movimentação do filho, fingiu continuar indiferente, mas, gradualmente, começou a interessar-se pela série do filho. Horas a fio depois, lado a lado, "maratonaram", pai e filho.

— Carlinhos, me explica aí, quem é esse personagem?

— É o Hurricane, pai.

— Por que ele tem tantos poderes?

— Isso é uma longa história, temos que voltar para o começo da série para você entender.

O PAI DE CARLINHOS

Verônica, ao chegar em casa, encontrou os dois assim, já em meio a risadas. Com lágrimas nos olhos, foi à cozinha fazer pipoca. Deitou-se também. "Maratonaram" os três naquela noite.

Nos dias que se seguiram às cinco temporadas em uma noite só, o pai de Carlinhos parecia diferente, cúmplice do filho. "Maratonaram" várias vezes depois, outras temporadas, novas séries. Muita pipoca e risos.

O PAI DE CARLINHOS

Marcos finalmente saiu do quarto.

— Verônica, eu posso apanhar o Carlinhos hoje na escola?

— Claro que sim.

— A que horas termina a aula?

— Às 11h45.

— Vou levá-lo ao futebol hoje também.

— Tudo bem, respondeu Verônica.

— A que horas começa mesmo? Ainda é no clube aqui do lado?

— Não, Marcos, faz mais de um ano que ele faz futebol no colégio mesmo, às 14h30.

— A que horas nosso filho almoça, então?

— É sempre corrido no dia que ele faz futebol. Você nunca percebeu?

À tardinha, após voltarem juntos do futebol, Marcos orientou as tarefas escolares do filho, pediu que lhe mostrasse os livros da escola e ficou encantado com os conteúdos e com os livros de literatura. Começou a orientar suas tarefas todos os dias e a levá-lo às atividades extracurriculares. Surpreendeu-se com os talentos do filho no futebol e nos desenhos.

O PAI DE CARLINHOS

Feliz e orgulhoso, também passou a botar Carlinhos para dormir e a lhe contar histórias. Nem sabia que podia.

— Pai, eu estou surpreso, você sabe contar histórias legais.

— Você acha mesmo, Carlinhos?

— Sim, acho.

— Você acha que eu levo jeito?

— Leva sim. Por que você nunca contou histórias para mim, pai?

— Não sei lhe dizer, filho. Só sei que perdi muito tempo. Perdi tanta coisa, me desculpe.

— Não fique triste, pai. Eu agora estou feliz. E ainda vou ser criança por alguns anos.

— Tem razão, Carlinhos, ainda temos tempo.

O PAI DE CARLINHOS

Na escola, os amigos de Carlinhos, já muito curiosos, indagavam:

— Carlinhos, você está diferente. Conheceu seu pai, não foi?

— Sim, estou conhecendo e ele é muito legal. Adora "maratonar" comigo, assistindo minhas séries preferidas. Sabe contar histórias também, aliás, ele conta histórias de um jeito muito divertido e já está inventando um bocado. Ele também gosta de comer massas, sapoti, tomar suco de graviola. Sabe que ele também se arrisca no futebol?

— Mas e agora, quem vai sustentar a casa? Tua mãe, é?

— Sim, minha mãe. Meu pai agora divide com ela os cuidados com a casa, comigo e com o meu avô. Meu avô também está diferente, todo cheio de segredinhos com o meu pai.

O PAI DE CARLINHOS

— E o teu pai vai viver de quê?

— Ele está todo entusiasmado. Diz que vai abrir a própria empresa para dar cursos e treinamentos sobre cuidados com os filhos. Diz que vai escrever livros de histórias também.

— Onde é que já se viu isso? Um homem falando sobre cuidados com os filhos? Teu pai tá é maluco, Carlinhos!

— Está maluco não, está feliz. Eu também, porque além de conhecer agora o meu pai, vou entrar para a História.

O QUE É ECONOMIA DO CUIDADO?

O QUE É ECONOMIA DO CUIDADO?

Economia do cuidado é uma perspectiva cuja finalidade é dar visibilidade a trabalhos não remunerados ou mal remunerados, mas que são muito importantes para a sociedade, como o trabalho doméstico e de cuidados com as pessoas da família e terceiros. O trabalho de cuidado e o trabalho doméstico são fundamentais para a humanidade e para a saúde coletiva. As várias instâncias da sociedade (Estado, mercado, família, igrejas) precisam e se aproveitam desse trabalho que é gratuito ou mal remunerado, quando terceirizado, e desenvolvido primordialmente pelas mães e mulheres, em uma reprodução da divisão sexual do trabalho e da desigualdade de gênero.

Segundo Pesquisa Nacional por Amostra de Domicílios Continuada do IPEA (2019), as mulheres gastam em média mais de 61 horas por semana em trabalhos não remunerados no Brasil.

Conforme o Relatório "Os afazeres domésticos contam" do IBGE (2019), esse trabalho não remunerado com os cuidados corresponde a 11% do PIB, o que supera qualquer indústria e significa o dobro que todo o setor agropecuário produz no país.

Os homens também fazem esse trabalho, mas são poucos. Sua ausência nos cuidados, contudo, é fruto das imposições e opressões culturais e sociais que o patriarcado também lhes impõe. Essa ausência provoca dor e sofrimento indistintamente em mães, filhos e nos próprios pais.

A igualdade, a paternidade e a maternidade ativas, de ambos, é o caminho. Filhos e filhas, homens e mulheres e todos, afinal, poderão tornar-se completos e iguais.

Cynara Monteiro Mariano

CYNARA MONTEIRO MARIANO

SOBRE A AUTORA

Cynara Monteiro Mariano é natural de Fortaleza, Ceará. Advogada e professora da Faculdade de Direito da Universidade Federal do Ceará (UFC), doutora em Direito pela Universidade de Fortaleza (UNIFOR), com estágio Pós-Doutoral pela Universidade de Coimbra (Portugal) e mestre em Direito pela UFC. Coordena o Programa de Extensão "Por uma universidade e uma educação populares – EDUP", com seus jovens alunos e pesquisadores, visando difundir os conhecimentos acumulados em Direito e Cidadania de uma forma acessível e emancipadora para diversos públicos da sociedade civil, incluindo estudantes do ensino fundamental e médio. Ex-Membro do Conselho Universitário da UFC, no qual representou a extensão universitária. Vice-Presidente do Instituto Latino-Americano de Estudos sobre Direito, Política e Democracia – ILAEDPD, membro do Instituto Cearense dos Advogados, ex-presidente da Fundação Superior de Advocacia do Ceará – FESAC e da Comissão de Estudos Constitucionais da OAB-CE. Ex-consultora da CAPES e integrante do Grupo Assessor Especial da Diretoria de Relações Internacionais (GAE/DRI/CAPES). Parecerista de revistas e periódicos científicos na área jurídica e autora de vários livros já publicados na área. Casada e mãe dos gêmeos Hector e Iorrana, de nove anos, que lhe propiciaram o resgate da ludicidade e da magia da infância, inspirando a iniciativa da autora a lançar uma coleção de livros de literatura infantil, adequada ao ensino fundamental, com a finalidade de abordar temas relevantes, atuais e sensíveis para o contexto da educação das crianças e seu relacionamento com as famílias e em outros ambientes, para promover uma difusão lúdica, porém não negligente, dos conhecimentos acumulados como mãe, mulher, educadora e professora universitária, que se dedica a uma visão de educação a se popularizar para a emancipação democrática e plural de mentalidades.